MANGER BIEN c'est BIEN MIEUX

de Angèle Delaunois
illustré par François Thisdale

Ombilic

Déjà parus dans la collection Ombilic :

GRAND MÉCHANT RHUME
ENVIE DE PIPI
OUILLE MES OREILLES
ROTS, PETS ET PETITS BRUITS
SOS ALLERGIES
MANGER BIEN, C'EST BIEN MIEUX !

Titres à venir :

DES BELLES DENTS TOUT LE TEMPS
POUX, PUCES ET COMPAGNIE
PEAU DOUCE
UN ORDI DANS MA TÊTE
POURQUOI DES LUNETTES ?

à Diane Decelles,
la fée des bons aliments.

TON CORPS EST COMME UN MOTEUR QUI FONCTIONNE TOUT LE TEMPS. ON PEUT COMPARER TON CŒUR À UNE POMPE, TON CERVEAU À UN ORDINATEUR, TES POUMONS À DES BALLONS QUI SE GONFLENT ET SE DÉGONFLENT, TES BRAS À DES LEVIERS...

Comme toutes les machines, mon corps a besoin d'énergie.

Cette énergie, je la trouve dans la nourriture que je mange.

TOUS LES ÊTRES HUMAINS SONT OMNIVORES. TOI AUSSI. ÇA VEUT DIRE QUE TU DOIS MANGER DE TOUT. TON CORPS TRANSFORME LES ALIMENTS QUE TU MANGES EN CALORIES. ENSUITE, IL LES BRÛLE POUR PRODUIRE L'ÉNERGIE QUI TE PERMET DE BOUGER, DE RESPIRER, DE GRANDIR, DE RÉFLÉCHIR, DE DIGÉRER, DE FAIRE BATTRE TON CŒUR, ETC.

Ça c'est fort!

SI TU NE MANGES PAS ASSEZ, TU DEVIENS TOUT MAIGRE !

SI TU MANGES TROP, TU DEVIENS TOUT GROS !

UN ENFANT A BESOIN D'ABSORBER DE 1500 À 2000 CALORIES PAR JOUR. LE NOMBRE DE CALORIES VARIE EN FONCTION DE SON ÂGE ET DE SA TAILLE.

SI TU RESTES TOUT LE TEMPS ASSIS DEVANT LA TÉLÉ OU L'ORDI, TON MOTEUR MARCHE AU RALENTI. TON CORPS VA GARDER EN RÉSERVE LES CALORIES QUE TU N'UTILISES PAS. IL VA TRANSFORMER EN GRAISSE TOUT CE QUE TU LUI DONNES EN TROP.

PAR CONTRE, SI TU BOUGES BEAUCOUP EN JOUANT ET EN FAISANT DU SPORT, TU BRÛLES TES CALORIES PLUS VITE PARCE QUE TON CORPS TRAVAILLE PLUS FORT.

POUR ÊTRE EN BONNE SANTÉ, TU DOIS MANGER DES REPAS SAINS ET ÉQUILIBRÉS. IL Y A TOUT UN ARC-EN-CIEL D'ALIMENTS QUI SONT NÉCESSAIRES POUR TE GARDER EN PLEINE FORME.

Champions: CLAP cLAP

Attention,

parmi les aliments que je mange,

il y a des super champions,

Nuls: BouH BOUH

mais il y a aussi des affreux nuls.

LES CÉRÉALES COMME LE BLÉ, LE RIZ OU LE MAÏS FONT PARTIE DES JAUNES. ON LES TRANSFORME POUR FAIRE LES PAINS, LES PÂTES, LES CRÊPES, LES MUFFINS, LES CRAQUELINS, LES BISCOTTES... LES JAUNES DONNENT DE L'ÉNERGIE. ILS T'APPORTENT ÉGALEMENT DES VITAMINES ET DES MINÉRAUX ESSENTIELS À TA SANTÉ.

Je choisis de préférence des pains à grains entiers,

car ils contiennent des fibres qui aident

mon intestin à bien fonctionner.

Je fais attention aux céréales trop sucrées!

Qui veut goûter à mes pommes d'amour?

Choisissez mes beaux chouchous!

Je peux en manger souvent!

IL NE FAUT SURTOUT PAS OUBLIER LES VERTS, C'EST-À-DIRE LES LÉGUMES ET LES FRUITS. À CAUSE DES VITAMINES ET DES MINÉRAUX QU'ILS CONTIENNENT, ILS SONT INDISPENSABLES À TA CROISSANCE, À LA FORMATION DE TON SANG ET ILS TE PERMETTENT DE RÉSISTER AUX MALADIES ET AUX VIRUS.

Je suis fou des carottes!

Les produits laitiers, surtout le lait, sont riches en calcium et en vitamine D qui rendent mes os et mes dents solides.

LES BLEUS DE L'ARC-EN-CIEL SONT LES PRODUITS LAITIERS : LE LAIT, LE FROMAGE ET LE YOGOURT.

Les rouges me donnent de la force.
Ils aident mon squelette
et mes muscles à bien grandir.

LES ROUGES DE L'ARC-EN-CIEL SONT LES VIANDES, LE POISSON, LES FRUITS DE MER, LES ŒUFS, LE TOFU, LE SOYA, LE BEURRE D'ARACHIDES ET LES LÉGUMINEUSES.

RÉCAPITULONS :
CHAQUE JOUR, TU DOIS MANGER DES ALIMENTS DANS CHAQUE COULEUR DE L'ARC-EN-CIEL.

LES JAUNES
(PAIN, CÉRÉALES, PÂTES, RIZ)

LES ROUGES
(POISSON, VIANDE, LÉGUMINEUSES)

Je n'oublie surtout pas de boire de l'eau pour faire passer tout ça.

GLOU GLOU

Et la malbouffe, qu'est-ce que c'est?

LA MALBOUFFE, CE SONT TOUS LES ALIMENTS TROP GRAS, TROP SUCRÉS, TROP SALÉS AINSI QUE LES BONBONS, LES BISCUITS, LES FRIANDISES DIVERSES, LES BOISSONS GAZEUSES ET BIEN DES TRUCS QU'ON AIME GRIGNOTER...

TU PEUX EN MANGER UNE FOIS DE TEMPS EN TEMPS POUR TE FAIRE PLAISIR, MAIS PAS TOUS LES JOURS.

VOICI QUELQUES EXEMPLES
POUR QUE TU COMPRENNES MIEUX.

LORSQUE TU BOIS UNE PETITE BOISSON GAZEUSE, TU AVALES L'ÉQUIVALENT DE HUIT CUILLÉRÉES DE SUCRE. IL Y A DE QUOI ÊTRE ÉNERVÉ!
DEUX PORTIONS DE PIZZA T'APPORTENT ENVIRON 850 CALORIES. TU PEUX DÉGUSTER UNE POINTE... MAIS PAS TOUTE LA PIZZA!
UN GROS SANDWICH À LA VIANDE AVEC MAYONNAISE PLUS UNE BOISSON GAZEUSE VONT TE FAIRE MANGER PLUS DE 1000 CALORIES. C'EST BEAUCOUP POUR UN SEUL REPAS!

LES FRITURES COMME LE POULET FRIT, LES CROQUETTES, LE POISSON PANNÉ ET LES FRITES CONTIENNENT BEAUCOUP DE MATIÈRES GRASSES ET DE SEL. PENSES-Y!

Est-ce que j'ai assez faim pour manger tout ça ?

LE MATIN, TON VENTRE GARGOUILLE PARCE QUE TU AS FAIM. COMMENCE TA JOURNÉE PAR UN BON DÉJEUNER. SI TU VAS À L'ÉCOLE LE VENTRE VIDE, TU VAS VITE TE SENTIR FATIGUÉ, TU VAS BAILLER ET MANQUER DE CONCENTRATION.

DANS LA MATINÉE ET EN REVENANT DE L'ÉCOLE, TU PEUX PRENDRE UNE COLLATION COMME UN FRUIT, UN MORCEAU DE FROMAGE UN YOGOURT OU UN VERRE DE LAIT. MIDI ET SOIR, TU DOIS AUSSI MANGER UN REPAS QUI COMPREND LES QUATRE COULEURS DE L'ARC-EN-CIEL.

N'oublie pas

J'évite de grignoter toute la journée.

l'arc-en-ciel !

C'EST CHOUETTE DE PARTAGER LES REPAS EN FAMILLE OU AVEC DES AMIS. ON NE MANGE PAS LA MÊME CHOSE DANS TOUS LES PAYS ET C'EST AMUSANT DE DÉCOUVRIR CE QUE LES AUTRES PRÉFÈRENT. DANS LES MAGASINS, ON TROUVE DES ALIMENTS QUI VIENNENT DES QUATRE COINS DE LA TERRE.

AS-TU REMARQUÉ ?
POUR TOUS LES ÉVÉNEMENTS IMPORTANTS, ET DANS TOUS LES PAYS, ON SE RÉUNIT AUTOUR D'UN REPAS.
ÇA VEUT SÛREMENT DIRE QUELQUE CHOSE.

Pour rester en bonne santé:

je déguste des aliments variés, de toutes les couleurs
de l'arc-en-ciel,

je mastique bien ma nourriture avant de l'avaler,

je mange tranquillement à table, pas devant la télé ni l'ordi,

je n'oublie pas de boire pour renouveler l'eau de mon corps,

je goûte à des aliments nouveaux pour avoir de belles surprises,

je fais de l'exercice pour garder la forme et digérer mieux,

je fais attention à ce que je mange et
je ne grignote pas tout le temps.

TU PEUX MÊME FAIRE LA CUISINE.
C'EST AMUSANT...
ESSAIE POUR VOIR !

MANGER BIEN, C'EST VRAIMENT MIEUX !

MANGER BIEN, C'EST BIEN MIEUX

Direction éditoriale : Angèle Delaunois
Direction artistique : Gérard Frischeteau
Édition électronique : Hélène Meunier
Révision linguistique : Marie-Ève Guimont

Dépôt légal : 1er trimestre 2006
Bibliothèque nationale du Québec
Bibliothèque nationale du Canada
Éditions de l'Isatis inc
ISBN 2-923234-14-6

Nos plus sincères remerciements à Madame Diane Decelles, Dt. P., M. Sc. Chef professionnel nutrition clinique de l'Hôpital Sainte-Justine à Montréal pour sa disponibilité, ses précisions, son humour et ses encouragements.

Note : Pour décrire les aliments de l'arc-en-ciel, nous nous sommes référés au « Guide Alimentaire Canadien pour manger sainement » (www.hc-sc.gc.ca)

Catalogage avant publication de Bibliothèque et Archives Canada

Delaunois, Angèle

Manger bien, c'est bien mieux !
(Ombilic ; no 6)
Pour enfants de 4 à 8 ans.
ISBN 2-923234-14-6
1. Nutrition - Ouvrages pour la jeunesse. 2. Malnutrition - Ouvrages pour la jeunesse. 3. Aliments - Ouvrages pour la jeunesse. 4. Cuisine santé - Ouvrages pour la jeunesse. I. Thisdale, François, 1964- . II. Titre. III. Collection.

RA784.D442 2005 j613.2 C2005-941715-3

Nous remercions le Gouvernement du Québec
Programme de crédit d'impôt pour l'édition de livres – Gestion SODEC

Conseil des Arts du Canada / Canada Council for the Arts
Nous remercions le Conseil des Arts du Canada de l'aide accordée à notre programme de publication.

ÉDITIONS DE L'ISATIS

4829, avenue Victoria
MONTRÉAL - H3W 2M9
courriel : editions_delisatis@hotmail .com
imprimé au Canada

Distributeur au Canada : Diffusion du livre Mirabel